時が止まった部屋

遺品整理人がミニチュアで伝える孤独死のはなし

或許，我就這樣一個人走了

在時光靜止的孤獨死模型屋裡，

一位遺物整理師重現

「死亡終將造訪」的生命場景

小島美羽

Miyu Kojima

陳柏瑤——譯

本書收錄的照片，除了p139的作者照外，
其餘皆是作者製作的模型屋。

前言

我從事遺物整理兼特殊清掃的工作，是始於二十二歲，來到今年，正好已滿五年。

我還清楚記得第一次踏入孤獨死的現場時，那種不可思議的感覺。那間突然失去主人的屋子，宛如時間靜止了般，過去以來的生活、人生，完全被停止在那裡。

孤獨死，在現今的日本，正持續增加中。

日本的孤獨死

所謂的孤獨死，就是在無人看顧的狀態下死於自宅，從死亡後到被人發現已經過數日的狀態。據說，在日本，每年約有三萬人孤獨死。這十年來，孤獨死成為電視或雜誌經常取材報導的社會問題，也是每個人耳熟能詳的詞彙。不過，我以為孤獨死並不是糟糕的事。畢竟誰也無法阻止死亡，況且許多人也期望在待慣了的家中往生（此時說成「自宅死」或「自然死」，或許更為貼切），而不是在醫院或養老中心等處。所以孤獨死本身並無不是，問題在於距離被發現的時間長短。

我被委託的案件，一年下來大概有三百七十件以上，其中六成是遺物整理，近四成是孤獨死的特殊清掃。尤其在夏季，往往是因異樣的惡臭傳開之後才被發現，因此孤獨死的委託案件必然也就隨之增多了。

就我個人目前經手的孤獨死現場來看，從死亡後到被發現，時間最長的是兩年。換言之，兩年的期間，無人察覺，只有死者獨自等著被發現。有些案例縱使是兩代同住於一個屋簷下，但死者被發現時甚至已經是一週以後。或許聽來匪夷所思，卻是實際的現實。由此不難理解，當事人與家人、朋友或鄰居已經沒有交流對話了。因為，孤獨死就是與周遭的溝通不足所引發的問題。

然而為什麼只有在日本，孤獨死才多到足以形成社會問題的程度呢？由於國外很少有所謂的孤獨死，因此在對日本的狀況感到震驚之餘，國外媒體也屢屢報導。在日本，隨著核心家庭化，高齡者為了不成為子女的負擔，希望獨自住在自己已習慣了的舊家；還有看護設施所費不貲或設施不足，因而難以利用等問題。儘管如此，最重要的是，大多數人從未意識到自己可能成為事件的當事者。許多委託人都提過，他們萬萬沒想到，自己的親友竟死於孤獨死。

我製作模型屋的理由

最初，我製作孤獨死的模型屋是開始於二〇一六年。當時是為了一年一次在東京國際展示場舉辦的喪葬業展示會「國際殯葬產業博覽會」而做的。

過去以來，大多都是搭配工作現場的照片，向參觀者說明我們的工作，以及孤獨死的議題。然而選擇照片時，我們仍得考量到不暴露現實的部分，因為如果使用實際的孤獨死現場照片，不但會帶給觀者衝擊，再者，也會擔心這樣的行為是否枉顧死者的隱私，又或者怕勾起家屬悲傷的記憶。

然而在另一方面，我擔心媒體沒有報導到現實情況。日本媒體在報導孤獨死現場時總以馬賽克處理，隱去了最核心的部分。如此一來，絲毫無法引發人們思考自身也可能陷入孤獨死的危機感。其實，任何人都可能死於孤獨死，即使年齡尚輕的人也不例外。我二十二歲時所清理的孤獨死現場，死者也同樣是二十二歲的年輕男子，他被發現時，已是死後的三個月。

希望大家瞭解現實狀況，卻又無法如實以告，或沒有人願意如實以告。到底該如何是好呢？

那時，我想到了「模型屋」。儘管我從來沒有做過模型屋，但既然是模型，就不至於過分寫實，也讓人更願意耐心觀看，不是嗎？況且，還能綜合現場的特徵在一個模型上。對於我的提議，社長僅僅是一笑置之，但我那種「凡事先做了再說」的個性，逼得自己不僅當場宣告將在博覽會展示，也自掏腰包買了道具與材料，利用工作之餘的時間，開始反覆試驗製作。社長見狀，雖然對我半是嘲弄，卻還是默默守護著我。

最後，我總算完成了模型屋第一號作品，稱不上精巧，但在國際殯葬產業博覽會展示時大受好評，吸引了眾人的目光。翌年，我又再製作展示更寫實的模型屋，參觀者在推特或SNS廣為分享，於是引來了電視或雜誌的關注報導。

截至目前，我製作的模型屋共有九件，本書介紹了其中的八件。每件作品都濃縮了我日日目睹孤獨死現場的房間特徵，再予以忠實呈現。因此，它們並不是某個特定的現場，即使是書中介紹與提及的案例，為了避免讓人聯想到某位特定的案主，我也更動了部分的細節。此外，基於這些是孤獨死現場的模型屋，本書的部分篇幅包含了再現血液或體液的模型屋照片，恐怕會給人不舒服的感覺，未成年者、敏感不安者在閱讀之際，也請留意。

本書的目的，並不在於討論防範孤獨死所提出的具體方案，而是希望至少讓每個人都能夠理解孤獨死的現實狀況，進而思考這可能發生在任何人身上。同時，閱讀本書的你，如果心頭浮現了那個人——獨居的父母親、變得疏遠的親戚友人、鄰居的老人家們——拜託請務必向他們打聲招呼，或找機會拜訪他們。若是等到他們走了，一切就都太遲了。

經常有人問我，會繼續製作這樣的模型屋嗎？我想，如果我要傳達的事情已經不復存在，或是縱使不製作模型屋，這世間的每個人也都可以接納孤獨死或自己必將死亡的事實，我應該就不會再做了。

不過，我現在仍持續製作著。

我會持續製作下去，直到每個人都能體認到那並非他人之事，而是真實的現實為止。

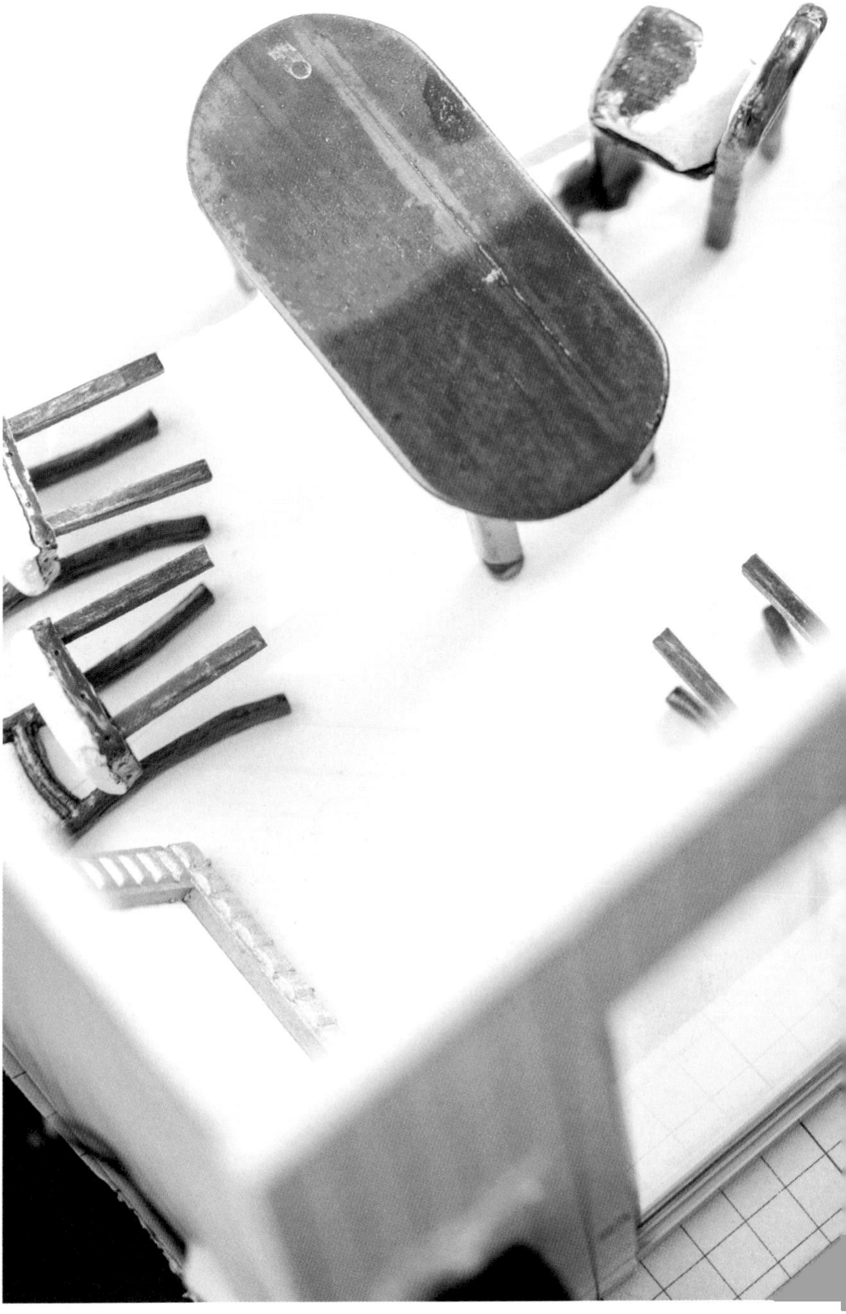

目次

第1章　音訊全無的父親

因為不想成為第一位發現者，進而被捲入棘手麻煩的盤查，
即使察覺有異，還是選擇不通報的人逐漸增多。

案主是單身，獨居在老家，雙親已去世，無業。房間散落著大量因賭馬等賭博沒中獎的彩券或報紙。還有，喝個精光的一升裝酒瓶、許多杯裝酒的容器、堆積如山的便利商店便當空盒……

他是五、六十歲的男性。

被發現時，已是死後的三到六個月。

發現他的人是察覺害蟲暴增與異樣臭味等的公寓房東、水表檢查員、送報員。

這也是我經手的孤獨死現場中，最常見的案例。

大多是屋主自己切斷了與社會的連結。外出倒垃圾時不願意與鄰居打招呼，即使在家也裝作不在家的模樣。三餐都不下廚做飯，全依賴便利商店便當，其餘的購物則都是透過網路，極力避免外出。因此，即使多日不見他的行蹤，旁人也不覺得有異。

我藉著模型屋重現的，即是那般光景的中老年男性的房間。他們共通的特徵，就是以床鋪為主要的生活範圍，或許是因為患上某種疾病，臨終時，多半躺臥在床鋪。至於生活用品，皆放置在躺臥床鋪時伸手可及之處，其中有吃剩的便當容器、顯示生前大量飲酒的酒瓶，不難想像，這樣的生活習慣非常容易引發腦中風或心肌梗塞。由於床鋪周圍散亂地遍布著許多垃圾，因而僅剩坐臥的空間是淨空的狀態。

這彷彿也成了那個人曾經活著的證明。

三月依然寒冷的某一天，我們接到一通電話。

「我父親死在公寓裡，想麻煩您們過來清理……」

由於對方希望我們立刻過去，我趕緊開車前往現場。一位四十歲左右的女性站在公寓門口。

「我小時候，父母親就離婚了，我根本不記得父親的模樣，已經近三十年沒有音訊。所以警察聯絡我時，我簡直大吃一驚。聽說被發現時都已經死了四個月了。由於我跟父親之間毫無留戀的回憶，除了貴重物品之外，其他東西都丟掉吧。我只想待在外面，可以請您進去看看嗎？」

進屋前，我先合掌膜拜，然後手持祭拜的鮮花進入屋內。

屋內是六張榻榻米大的和室，以及約四張榻榻米大的廚房，算不上乾淨，處處散布著傳單、吃剩的便當、麵包的空袋、空的罐頭、揉成一團的衛生紙、塑膠袋或藥物等，內衣還晾著，彷彿屋主還活著那般。往屋內徑直走進去，便看到了變成褐色、沾有人形污漬的床鋪。看來是在床鋪上往生的。床鋪的周圍堆著大量吃剩的食物、雜誌、藥物或針筒。枕頭上還有吐血的痕跡。也許屋主患有糖尿病吧。

死後已經過了一段時間，所以遺體滲出了體液。由於是在床鋪上過世的，棉被吸收了那些體液之後遂變得沉重，並轉為褐色。再加上發現得太遲，體液已滲透到地板了，若是這種木造的公寓，再經過半年的時間，往往會進一步滲漏到樓下。

此時，就衍生了特殊清掃的必要。我們的工作就是徹底除去屍臭或體液，有時甚至必須撤除地板或榻榻米。若是體液滲透到榻榻米下的夾板，也必須拆除那個部分。沒有鋪設榻榻米的房間也是同樣的程序，不僅要清理地板，還要檢查地板下的狀況。如果疏忽這個環節，無論如何清理，異味都無法消除。沒有特殊清掃經驗與技術的業者，通常僅能清潔表面，無法深入地板以下，導致仍有異味殘留，最後還是必須仰賴專業的業者。

我和委託人商討完作業的程序後，選了一個日期，以一天的時間完成了特殊清掃的工作。等到原本屋內散發出的孤獨死特有的臭味也隨之消失，委託人才願意踏進屋子裡。她看著遺物中的履歷表照片，照片裡的死者露出看似慘澹的微笑。

「坦白說，我根本不記得他的樣子，對我來說，他就像陌生人，但是也的確有這個人才會生下我啊。終究還是得由有血源關係的我，來為他送終。父親死前的那一刻，到底在想著什麼呢？」

類似這種案例的委託人，由於與死者長期疏遠，幾乎都選擇放棄繼承。其中也有一些死者家屬難掩憤慨，忍不住對我們大發雷霆地抱怨，「為什麼我必須負擔清理費用？」、「在世時造成家人的困擾，死了還不放過家人嗎？」、「請把所有的東西，包含照片都丟掉！」

不過，眼前的這個女人卻決定負起責任，送走她根本不記得長相、獨

自往生的父親。過去究竟發生了什麼事，並非我所能知曉的，恐怕只有親人才心知肚明。儘管如此，我還是忍不住想著，如果死者生前能見到這個堅強且直爽的女兒，或許能稍稍逆轉結局吧。

我死去的父親也是嗜酒。我們姊妹倆從小就看著愛喝酒的父親在家裡引爆諸多問題。父親一喝酒就不想工作，於是反覆地去上班又離職，最後只得靠母親工作賺錢，導致家計始終吃緊。

當時父親最常喝的就是燒酒杯裝酒，因此，每當我看到中老年男性的孤獨死現場，就會回憶起那些往事。藍色瓶蓋是酒精濃度較低的，紅色瓶蓋是酒精濃度較高的。的確，現場經常發現那樣的杯裝酒。

父親一喝酒，脾氣就變壞。不過，他不喝酒的時候是個好爸爸。我記得幼稚園時，在送貨公司工作的父親經常讓我坐上他的貨車，或是開著貨車帶家人到河邊遊玩。

委託人的父親，或許也懷著那些與家人相處的回憶吧。

然而我去過的現場，早已沒有死者了。

因為，我做的就是這樣的工作。

留下來的，只有從死者家屬或房東處聽來的故事，以及被留存在那裡的「屋子」與「物品」而已。

不過，它們依然滔滔不絕地說著死者的人生故事。

這些也與父親的人生交錯重疊。

父親死時，是五十四歲。

第2章　每個垃圾屋各有其苦衷

「我很愛乾淨，絕對不會變成這樣。」

那是在國際殯葬產業博覽會展示垃圾屋模型屋時，一位四十多歲女性的直白感想。

這個模型屋，是取材自四十多歲女性孤獨死在垃圾屋化的公寓現場。委託給我們清理的垃圾屋裡，既有屋主已亡故的案例，也有屋主親自要求清理的案例。說是垃圾屋，其實垃圾量各式各樣，有的堆積到腳踝高度，最多的也有堆積到天花板的程度，份量甚至達到八噸。無論何者，都是一個人難以清理的狀態。我在製作模型屋時，為了讓人比較容易辨識查看垃

2-SLICE TOASTER
週刊新潮

圾，其實已經縮減了實際份量。

有些垃圾屋是耗費了幾十年的時間形成的，也有些僅僅兩、三年就達到了會把房間淹沒的份量。尤其是女性，在問題還沒發生時，她們多半勤於整理房間，往往是基於某些切身的事態，最後才引發堆積垃圾的習慣。

首先是出於職業上的因素，尤其是從事服務業或令人異常緊繃忙碌的工作，就我受理的案例中，具體來說，又以律師、聲色場所工作者、護理師、演藝人員這類職業居多。由於這些職業在工作時必須費盡心神面對顧客、患者或工作夥伴，回到家時已精疲力竭，只能放任家事或自己的事不顧。

「今天太累了，明天再清理吧。」、「等到放假時再說吧。」諸如此類的

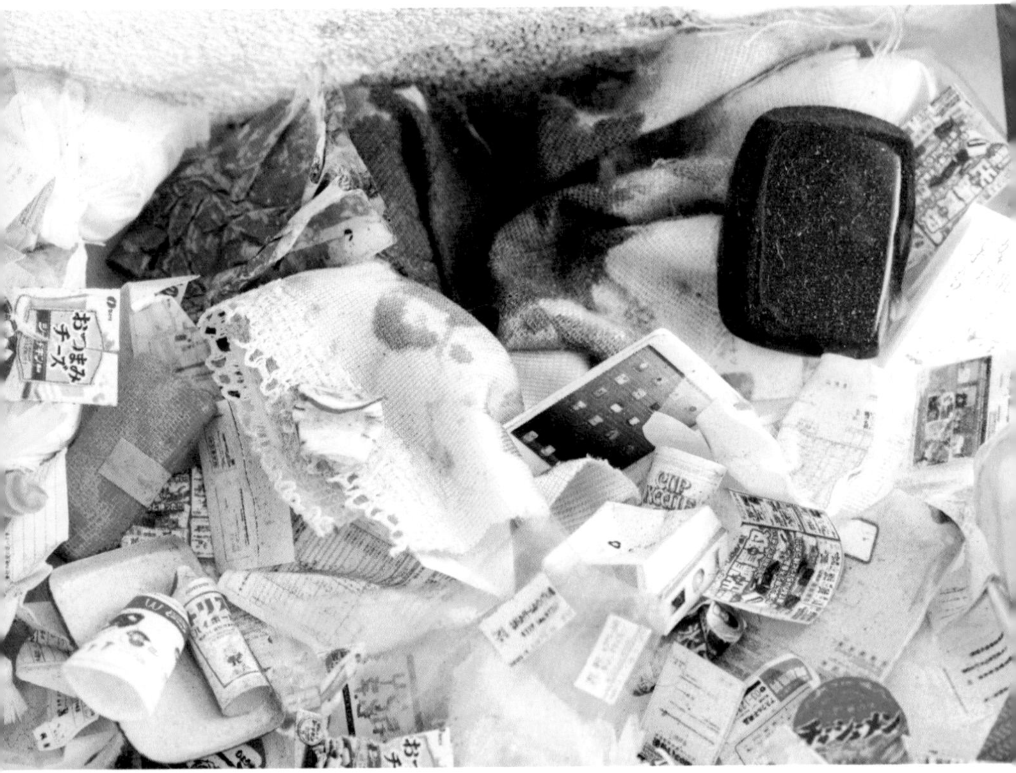

與外界聯繫的最新連線機器，
與彷彿阻斷外界連結、不斷堆積的垃圾兩相對照。

拖延，累積的結果，終於到了覆水難收的地步。這類委託人多半是女性，而且打扮得光鮮亮麗，根本難以想像她們住在垃圾屋裡。因此，每回我總驚訝於那表裡間的落差。不過，也許是因為她們必須應付外界種種狀況，疲於奔命的結果，回到唯一得以放鬆的家裡，反而毫無力氣了。

從事護理師等職業的夜班工作者中，許多人因為無法早起丟垃圾，最後導致垃圾堆積。或者也有人難以配合居住地區規定的丟垃圾時間，結果遭到鄰居的警告等等，漸漸也不敢外出丟垃圾。

另外，還有被跟蹤狂鎖定的受害者，那些受害女性也不敢外出丟垃圾。事實上，我曾處理過某位女性演藝人員的案件，當時情況非常可怕，對方就住在正對面跟蹤監視，一旦受害者外出，對方必然尾隨，就算搬家，對方隨後也搬進同一大樓。受害者既不敢在陽台晾曬衣服，也擔心對方會去翻撿她丟掉的垃圾，最後甚至連外出都感到害怕。

考量到委託人的情況，我們最後決定將屋內的垃圾全部裝進紙箱，假裝出要搬家的模樣、再搬運到屋外。但是，等我們開始清理後，那名跟蹤狂男子卻突然出現，不斷騷擾我們，問我們：「要把箱子帶去哪裡!?準備去哪裡!?」後來只得請警方介入，事情才落幕。由此也不難想像，這名男子長久以來帶給委託人多少恐懼。

直到近五百箱的紙箱全部搬運完畢，委託人彷彿也放下了心，原本僵硬的神情才逐漸柔和下來。

撇開演藝圈公眾人物的頭銜，委託人其實與一般的女性無異，不管是誰，要主動拜託業者前來清理垃圾，都需要極大的勇氣。在撥出那通委託的電話前，想必是十分煎熬猶豫，肯定也陷入害怕被外人知曉的糾結中。

除此之外，有人是因為失智症或發展遲緩導致無法清理或整理，也有人是收集上癮。或者，有的是打從一開始就不懂如何整理、卻獨自一個人

0120
123-456

住的二十多歲委託人，這樣的案例也逐漸增加。

儘管演變成垃圾屋的理由各式各樣，不過在清理時，我察覺到不可思議的共通點是，屋主為了讓垃圾避開自己最常待的地方（例如床鋪周圍），會從窗戶邊或牆邊開始堆高，再漸漸往屋子中央擴散。

一旦垃圾累積到膝蓋左右的高度，接下來就漫延至浴室、廁所或挑高閣樓等處。若是堆積到腰際的高度，廁所肯定就會完全被垃圾占據，無法使用了。因此，屋內會散落著裝有排泄物的寶特瓶或塑膠袋。

從外觀看是尋常人家，但打開門後卻是另一個世界。

究竟囤積了多少年份的人生呢？

最後，我想介紹的是我最常遇到的垃圾屋案例。這些案例，通常是屋

裝有尿液的寶特瓶甚至多達百瓶以上。

主生命中最重要的人突然驟逝，或與心愛的人分開，因為那種失落感而引發了屋主的憂鬱。例如家人意外死亡、最心愛的寵物走了、離婚、遭到解雇……面臨突如其來的事件所引發的失去，總會讓人的生活變得完全沒有力氣。

於是原本的生活驟然停滯不前，失去了「活著」的力量。

若在那樣的時候，有誰陪伴在旁，或許也不至於演變成垃圾屋了。

「我絕對不會變成這樣的。」

讀到這裡，還有人能如此斷言嗎？

Column 1 房東們的苦惱

八月酷暑的傍晚。

我們接到某位房東急切不安的電話，「我的公寓大樓裡，有人死在屋內，而且已經有段時間了。我從來沒有遇過這種狀況，不知如何是好……可以拜託您們過來清理嗎？」

隔天，我們去到委託的公寓，六十歲左右的男房東正在管理室等我們。聽說是一週前，公寓的住戶們向房東抱怨「有奇怪的臭味」、「有大量的蒼蠅飛進屋子裡」，這才發現了孤獨死的現場。人好像已經死了三個月了，與警方一同進入屋裡時目睹了遺體的房東，似乎還有著輕微的心理創傷。

「基於各種因素，我變得難以入睡。」

或許也有對於未來的不安吧。

我跟房東一起前往房間現場，果然，從走廊就傳來特殊的氣味。蒼蠅從大門的信箱隙縫中飛進飛出。我穿上防護衣，戴上防毒面具、護目鏡，手持殺蟲劑，進入了房間裡。為了避免驚動蒼蠅，必須謹慎前行，畢竟蒼蠅可能傳染疾病。而且為了附近居民著想，也不能開窗。

走到最裡面的臥房，發現死者應該是在床鋪上往生，上面沾有體液、剝落的皮膚或頭皮等，還有蠕動的蛆。翻開床鋪，體液已滲透到下面，甚至擴及了榻榻米。我拍攝了房間內部的狀況後，便請始終待在外面不願入內的房東確認。

「這個人的親人放棄了繼承權，所以找不到人可以處理屋裡的物品。總之，就是身為房東的我必須負擔處理或清理的全額費用⋯⋯」房東喪氣地說。

一旦出租公寓大樓發生孤獨死事件，通常就會造成其他租屋者退租搬離，於是空房變多，房東的收入急遽減少。因此，有些房東或管理仲介公司會嚴防孤獨死的事情洩漏出去。這次經手的現場，即使重新裝潢，也不知何時才能找到新的房客，也許還可能被視為凶宅。所謂的「凶宅」，一般而言，是指有人因為自殺、殺人、事故等理由死在屋裡，不過由於並沒有明確的定義，即使是孤獨死，也有一些房東會刻意不主動告知、仍把房子租出去。但是，萬一新房客發現這件事，最後恐怕會引起訴訟糾紛，所以大多數的房東仍會選擇事先告知。

如今，也有針對房東投保的孤獨死保險，一旦發生孤獨死，便由保險公司負擔清理費、整修補償、房租保險金等，對房東或仲介來說，的確是個不錯的選項。

另一方面，也有些房東會怪罪死者家屬，提出不合理的要求或索償高額的整修費。

「為何在我的公寓裡孤獨死！」死者家屬面對房東的暴怒，往往不知道該如何是好，而且對造成眾人困擾深感愧疚，遂默默接受了房東的各種要求。或是，縱使死者家屬有心讓屋子恢復原狀，但在高額的整修費折磨下，最後甚至不得不放棄繼承權。

結果，無論是死者家屬或房東，都兩敗俱傷。為了讓死者家屬與房東都能安心入眠，我的責任是盡我所能地代替死者，協助屋子恢復清潔。

第3章　家中的密室

廁所裡的孤獨死

來到冬季，廁所、浴室或走道都是容易引發休克、造成孤獨死的場所。由於從溫暖處突然移動至寒冷處，極端的溫差容易造成血壓改變，進而導致休克。例如，去到廁所時血壓上升，排便後急速下降，此時便極易引發休克。

因休克而死亡的，又以高齡者（六十五歲以上者）居多，但並不表示這情況不可能發生在年輕人身上。另外，冬季的冰冷馬桶也是誘發休克的主要因素之一，就我所經手的案例現場來看，會發現大多數的人都沒有使用馬桶坐墊保暖墊。所以在模型屋裡，我特意重現了儘管擁有溫熱坐墊功能的馬桶、卻拔掉插頭不用的現場。

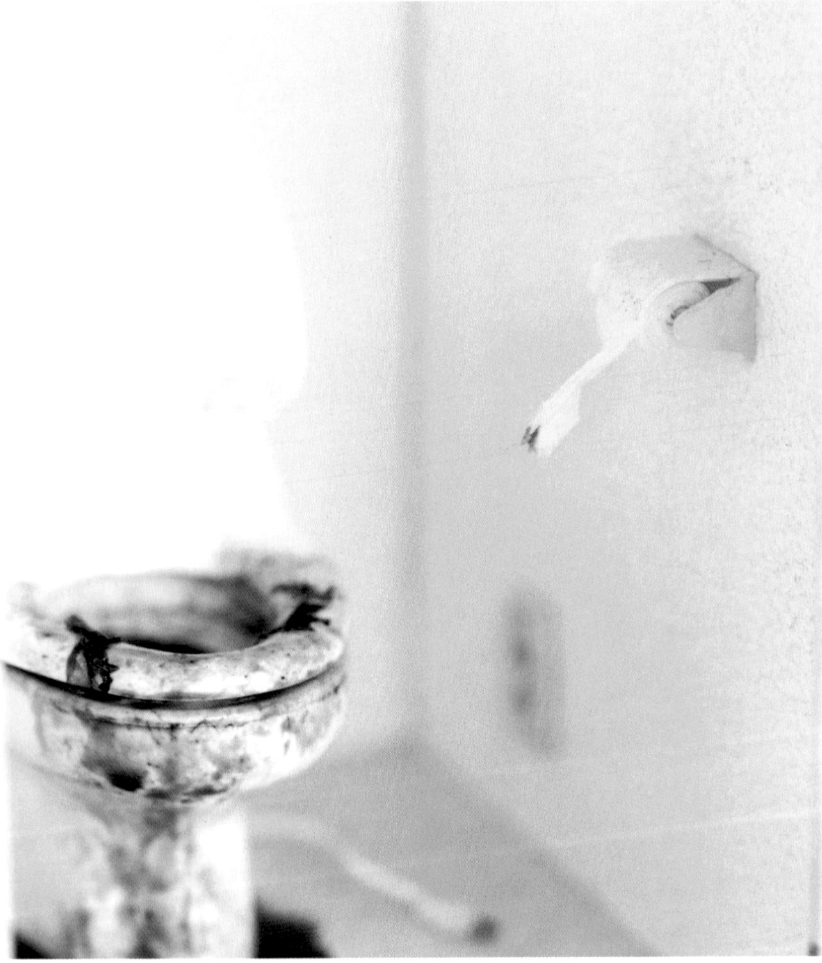

死於廁所的案例，被發現的時間通常較遲，平均是死後兩、三個月左右。那是因為，若鎖上了廁所門（不過獨居者多半不會鎖上廁所門），就等於完全是密閉空間的狀態，就算誰察覺有異，從窗戶窺看屋內也不會發現異狀，頂多以為屋主長期外出不在家。

事實上，我處理的廁所內孤獨死現場，甚至有超過三個月以上的案例。

我們在打開某間出租公寓的大門後，發現屋主是獨居的男性，屋內整理得乾淨清潔。若不是異常的惡臭，恐怕將始終難以發現吧。而且如此乾淨的房間，即使刻意從窗戶窺看屋子內部，大多數的人肯定都會以為屋主是外出旅行去了。

死亡的現場，同樣是沒有使用馬桶坐墊保暖墊，死者腿上的皮膚和肉已沾黏在馬桶坐墊上，推測應該是在坐姿狀態下死亡。馬桶裡留有黑色的體液，其中也可看到固狀物，分不清楚究竟是肉體的一部分，還是排泄物。

若發現得更遲一些，氣味或體液就會從廁所門縫流洩到走廊，屆時才終於有人察覺異狀。

碰到這樣的情況，死者家屬在清理時，通常會遭遇精神上與技術上的困境，最後不得不委託我們處理。我們的處理方式是先施以強效的消毒液再清理，有時甚至必須拆除並丟掉整座馬桶。

浴室裡的孤獨死

家中的密室，不限於廁所。

還有浴室。

從冰冷的脫衣間進入盛滿熱水的浴缸，急速的溫度變化也容易引發休克。許多案例是死於浴缸，包含溺水而亡的死者在內。

在浴缸內的死亡，比起在客廳等場所的死亡，遺體更容易腐敗。尤其是具有加熱保溫功能的浴缸內的孤獨死，那震撼的畫面至今仍令我忘不掉。

在這個案例中，委託人是死者的女兒，打電話到母親家好幾次，卻沒有人接聽電話。她因擔心而前去探望，結果發現母親死在浴室裡。已經死了一週了。

儘管是嚴冬時節，遺體還是迅速腐爛，浴缸的水已變成褐色，遺體融化得不見原貌。想必是浴缸的加熱保溫功能加速了腐爛。由於浴缸的溫度設定在四十二度，一旦溫度下降，便啟動反覆加熱以確保恆溫。沒想到如此便利的設定，竟引發了那般的悲劇。

面對親人過世已經很難受了，再目睹如此慘狀，委託人總是悲痛不已。即使我已經歷了多次類似的案件，至今仍然不知如何安慰活在悲痛中的死者家屬。那些父母死於浴室的家屬幾乎都懷抱著罪惡感，經常聽到他們後悔地說道：「那時，如果我跟著進浴室就好了……」

我所能做的就是用心整理現場的遺物（關於遺物的整理工作，下一章會詳細說明）與清理。儘管死者的樣貌讓人見了於心不忍，但親人健在時的模樣肯定依然活在死者家屬的心中。為了讓家屬得以回憶過往共度的快樂時光，我會盡可能找尋值得紀念的物品或照片等等，然後親手交給他

們。另一方面，我試著藉由模型屋來重現現場，希望藉此提醒，以減少世上為此傷心遺憾的家屬。同時，我也希望藉由重現在浴室休克死亡時可能留下什麼樣的死亡現場，期望人們在理解現實狀況後，能具備危機意識。

其實只要事先做好些許準備，就能防止休克。例如，將普通馬桶換成有溫熱坐墊功能的馬桶，或是套上坐墊保暖墊。又或者，在冰冷的走道、廁所或浴室的脫衣間放置小型暖氣機，在進入浴缸前先淋浴，讓身體溫熱起來。另外，避免將浴缸的水溫設定在四十度以上，泡澡的時間也不宜過長，還有，盡可能避開劇烈的溫差。只要做到這些，一定能大幅減少休克的危機。

在某件遺物整理委託的案件現場，發生了這樣的事情。我原本只是按照委託內容去整理遺物，可是到了現場，才知道屋主是在浴室孤獨死。乍看之下，浴室確實清理得很乾淨，一問才知道，是死者的兒子，也就是委

託人親自清理的。面對親人的驟逝，震驚之餘，許多家屬根本打不起精神自行清理，然而這位委託人卻堅持完成。就專業清理業者的標準看來，或許做得還算不上徹底，不過已經堪稱乾淨。我發現排水溝還堵塞著部分的皮膚等等，判斷應該是死後將近一個星期才被發現。我心想，家屬親自動手清理並不是容易的事啊。

他一個人清理時，是懷著什麼樣的心情？

「因為這個世上，只有母親是理解我的人啊。」

委託人的這句話，至今仍留存在我心中。

第4章　充滿遺物的屋子

ひな人形
SANYO
Red Motor

我的工作，也包含了整理遺物。

整理遺物，一如字面上的意思，就是依照委託人或死者家屬的期待，整理或丟棄死者留下的物品。

也許有人會疑惑，既然是這樣的事情，為何還要請業者幫忙呢？家屬不能自己處理嗎？但事實上，有些情況並非死者家屬所能處理的。

畢竟是充滿回憶的物品，並非任何人都能夠動手丟棄。尤其是歷經過貧窮時期的世代，在面對那些具有紀念性的物品、想著有天可以留給誰的物品、以為總有一天派得上用場的物品時，更是難以清理處置。其中，又以書籍、人偶或大量的棉被等，為最典型難以丟棄的物品。

許多人意識到父母年事漸高，就試著開始整理丟棄父母家中用不到的東西，父母卻堅持還用得到，最後反而惹惱了父母。於是，就放手不管了，直到父母去世，身為家屬的子女面對留下的大量遺物，只能一籌莫展。若再加上是孤獨死，屋子裡充斥著強烈的臭味與大量的蠅蟲，縱然有心整理遺物，但恐怕是連進到屋子裡都有困難。

又或者，終於準備整理了，但一看到遺物便想起死者，心中悲痛難耐，終究還是遲遲無法動手。就算是已經來到整理清理的階段，為了配合丟垃圾的時間，有時甚至得耗費多日，這也讓居住在較遠處的親人難以撥出空檔。在我們的委託案件中，有些死者家屬甚至耗費了兩年的時間清理，最後仍舉手投降。

基於種種理由而難以整理的人，以及不願再耽戀過往、希望往前邁進的家屬，通常都會委託專業業者整理遺物。

在整理遺物的現場，最重要的，是貼近死者家屬的心境。謹慎對待處理每件遺物，一定是理所當然的，不過，從大量的丟棄物中找到死者不知藏至何處的貴重物品——存摺或不動產買賣契約書等——並親手交給家屬，也是重要的工作之一。如果不能做到這些，就稱不上是真正專業的遺物整理。若只是單純的清理丟棄，任誰都能勝任這份工作。

我在整理遺物時，常覺得死者的人生栩栩如生地展現在屋子裡面。我從那些物品就能知道死者的興趣、正在學習什麼、偏好等，因此我也常常藉此積極地與一同整理的家屬攀談，開啟話題。畢竟，我與家屬同在死者的屋內，也僅限於工作的此時此刻了。

結果，原本強忍著情緒靜默工作的死者家屬，總是忍不住望著遺物或照片，喃喃自語般地說起了死者的往事。方才陰鬱的神情逐漸有了光采，直到整理結束，終於露出了輕鬆的模樣。

「遺物太多了，真是不好意思！」

也有家屬這樣向我們道歉。不過，每個家庭的遺物多寡都不分上下，實在無須擔憂，請安心委託專業協助吧。

為了讓大家知道，不是只有你家如此，於是我製作了這個模型屋。

有歷代祖先的遺照、獎狀、束之高閣的日本人偶、孩子或孫子們回來時可能用到的各種棉被、書架上想著有一天還會再讀的書籍，全都是捨不得丟棄的物品。

然後，我們慎重地將那些物品收拾打包。

束之高閣的日本人偶、相簿。
每樣物品都有著家人的珍貴回憶。

6
SHARP

書架映照出那個人的人生。

總想著有一天孩子會帶孫子回來，
所以才會準備多套的床鋪棉被吧。

6
1
2 3 4 5 6 7 8
9 10 11 12 13 14 15
16 17 18 19 20 21 22
23/30 24 25 26 27 28 29
広辞苑

但在與遺物相關的事件中，身為遺物整理業者的我們經常要處理孤獨死的案件，不免遭遇令人驚訝的場景。

不知大家想像中的孤獨死現場是何種光景？也許以「孤獨」形容，所以在大家的想像裡，都是死寂的氛圍。

然而，事實卻是恰恰相反。

也許有人覺得出乎意料，不過現場狀況的確並不平靜。

因為號稱「死者的朋友」的人不斷冒出來。

在我與委託人一起整理遺物或進行特殊清掃時，那些人會不停地在屋前徘徊，窺探屋裡的狀況，有時甚至偷偷潛入屋內。那個「朋友」既不是來表示哀悼，也不是想幫忙整理遺物。

那他的目的為何呢？

其實就是為了拿走可以賣錢的物品或自己想要用的東西。

我見過明顯與死者不熟（也許僅有一面之緣而已）的「朋友」，有的甚至只是鄰居或住在附近的人。

例如，有個委託的案件是一名孤獨死的七十多歲男子，他的鄰居是三十多歲的男子，在我們清理的期間，那名男子曾數度進入屋內，然後對我們說：「這是他生前跟我的約定！」接著冠冕堂皇地拿走了三十支昂貴的魚竿。

究竟死者跟他有什麼約定？

他真的是死者的朋友嗎？

既然已跟死者疏遠的家屬都不知道真相，更遑論我們了，況且，死者已經無法說話。

也有這樣的委託案件。

年輕卻孤獨死的男性是動漫或人物模型等等的愛好者，因此屋內留有

為數不少的動漫模型。

死者的父親進到屋內，隨即悲傷得淚流不止，必須躲到陽台拚命讓心情平穩下來。

就在這時，門口出現了三名號稱是「朋友」的男子。

明明死者的親人也沒有對外發布任何死亡消息。

他們一副理所當然的模樣進到屋裡，在悲傷的家屬面前喜不自勝地拿起遺物說：「太屌了！這可以賣個百萬日圓！」

我提醒他們在家屬面前留意自己的態度，但他們依然故我，嘻嘻鬧鬧後竟把那些動漫模型帶走了。當然，死者的父親並不認識那些「朋友」。那位悲傷的父親只能眼睜睜看著他們奪去兒子最珍貴的遺物，卻連阻止的力氣都沒有。

最後，那三名男子只拿走了可以賣錢的遺物，甚至沒有談到與死者的回憶，乃至於哀悼憑弔的話語。

令人驚訝的是，在我經手的孤獨死現場中，有近八成的案件會出現那些所謂的「朋友」。有次湧進的是一群住附近的中年女性，她們唐突地詢問清理中的我們：「怎樣!?發現寶物了嗎？」或是問著：「這些家具可以拿走嗎？」並隨即挑選堪用的帶走。現場的死者家屬儘管滿腹狐疑，但在對方咄咄逼人的氣勢下，終究只能任其來去。又例如，有位死者生前以五日圓硬幣做了裝飾品，那些「朋友」覬覦那個遺物，就連說聲「請送給我吧」也沒有，轉眼間，東西已被「朋友」捧在懷裡，家屬驚訝之餘，也只好拱手讓給對方。

在茨城的某個案件現場，我曾遇到男性鄰居說他自己家的榻榻米舊了，想換上死者屋裡的榻榻米（但死者的住處是租的）。接著，又說屋子裡頭應該有十七萬日圓，他想要拿走，據他所說，是死者生前告訴他的。

想當然耳，我們不是委託人、死者家屬、親戚，怎能隨便將東西交給對方。但是，為何有人做得出這種事情呢？

我認為，做這份工作最難受的既不是污穢，也不是惡臭，更不是蟲子。

而是在窺看到人「另一張臉」的瞬間。

人一死，旁人看到的，就只剩留下的物品或金錢嗎？

如何讓自己重要的物品或具有紀念性的物品，不至於在自身離世後被陌生人奪走，或許是日後值得探討的問題。

Red Motor

Column 2
令人無法忘懷的遺物

我從事這份工作以來，記憶中的確有頗多印象深刻的遺物。其中特別難以忘懷的，是某位女性的手機。

警察處理孤獨死的現場時，通常會連同遺體，一併帶走貴重物品與手機等物（我想主要理由是確認身分，也或許是代替因蠅蟲或氣味而無法進入屋內的家屬找出並保管）。

但是，那一次，我進到受委託的屋子裡，卻發現現場還留有手機。死於屋內的女性屋主，似乎是在八張榻榻米大的客廳餐桌附近倒臥而死，體液滲透到地毯下的地板，留下人形的痕跡。遺留下來的手機，就放在手部的位置。不是智慧型手機，而是摺疊式的舊型手機。也許是沒有充電，又或者是壞掉了，無論如何按壓，手機都沒有反應。上面也沾染了體液，想必死者在最後一刻仍緊握著它吧。也許她想打電話求救，或者，在意識漸漸模糊、即將離世之際，她希望能聽見某個人的聲音。

每當我如此想像，就更加難過了。

我經手過的案例中，也有人是握著電視遙控器離世。

或許，他們以為那是救命的稻草。

其實屋裡裝飾的小物品或照片，就足以道出屋主生前的個性或人生際遇。

我看著屋裡牆上掛著死者畫的油畫或水彩畫，或箱子裡收藏著從旅行景點購回的紀念鑰匙圈，那些手製而富含意趣的陶藝品，或死者親手以毛線或棉布精巧縫製的人偶等，不知為何，覺得它們似乎也努力守護著死者。

有些案件現場是將照片放在桌上裝飾，也有的是貼滿一整面牆。那些照片中有家人、也有貓狗——雖然不見得都是死者的寵物。畢竟有許多想養寵物的人因故無法飼養，只能看著照片想像。還有些人甚至連廁所牆壁都貼了照片，想必是那些照片療癒了屋主。照片裝飾的位置或方式儘管因人而異，但不變的是，每位死者與家人或朋友合照時，都露出了燦爛的笑容。

看來是那麼的幸福。

然而笑容的彼端，如今，照片裡的本人卻孤獨死在了空無一人的屋內，而且已然過了好幾個月。

在這樣的屋子裡，那些照片顯得無比突兀。

那樣的「落差」——人生的「明暗」毫不掩飾地攤在眼前時，時常令我不知所措。

然而我想，或許，即使最終是孤獨死，也並不意味死者的人生就是不幸而孤獨的，畢竟那張露出幸福笑容的照片已經說明了一切。因此，每每看到死者遺留在屋子裡的小物或照片，明白死者至少曾經幸福快樂，我也就安心了。

那些正被你珍惜收藏的物品，或許有天也會如此訴說起你的人生故事吧。

第5章　留在牆壁上的「對不起」

其實，孤獨死的死因中，自殺占了極高的比例。

根據〈第四回孤獨死現狀報告（一般社團法人日本少額短期保險協會孤獨死對策委員會　西元二〇一九年五月）〉指出，「在構成的死因中，值得注意的是，自殺所占的比例較高，占據孤獨死死因的百分之十。」

在我經手的案件現場，自殺者又以年輕人居多。

本章模型屋的製作契機，其實是受了電視台的委託。節目製作人堅決地表示：「我們想遏止自殺。」節目的內容包括召集自殺未遂的年輕人舉行座談會，談論他們企圖自殺時如何被周遭的人發現而挽救了生命，以及

人は死んだら
どうなるのか？
人間失格
遺書

當初為何想死、現在的想法等等，藉此討論關於自殺的議題。

節目中以模型屋為案例，介紹年輕人自殺的現場。由於案例中，留在牆上的「對不起」令人印象深刻，與會者無不認為那是自殺者的SOS，也益發深切地感覺到每天交流溝通的重要性。如果不是該節目的邀約委託，我想自己恐怕不會製作自殺者的模型屋。儘管在自己家裡死去或死後直到被發現已過了數日，都被稱為「孤獨死」，然而猝死或病死的孤獨死，明顯與自殺死亡的意義是不同的。

就我個人的認知來說，我並不認為自己選擇「死亡方式」有何錯誤。畢竟任何人都會面臨「死亡」，不妨由自己選擇何時、如何死去。

然而，還有一些事情是我們絕對不能忘記的。

在你選擇死去的瞬間，也等同抹殺周遭那些重要他人的心。在這個世上，必定有個人是珍惜你的，即使你毫無自覺。

只要那個人還活著，他一定也希望你活下去。

尤其在自殺的現場，當我聽聞死者家屬或朋友的話語後，這個想法也愈加堅定。

不過，精神上屢遭折磨的人似乎已經沒有餘裕思考這些層面了。每回我環顧死者屋子裡的樣貌，都不免覺得自殺者的個性多半認真嚴謹。也許正是因為凡事認真以對，才無法逃避，只能過度認真思索問題，進而鑽牛角尖。

我去到的案件現場，許多死者即使要自殺，死前為了避免造成他人的困擾，甚至事先做了預防準備。像是在地板鋪上塑膠布，以防體液等污染地板；或是擔心退租時屋子裡東西太多，恐怕麻煩到他人，於是先行清理自己的物品或家具等等。總之，他們是做足了準備。

然而，當我實際著手清理時，依然發現那些準備仍稱不上萬全。

其實，事前鋪上的塑膠布雖然可以防止體液等滲透，但隨著腐爛的臭味蔓延或害蟲孳生，最後終究還是可能衍生出一筆特殊清掃或整修的費用。或是，一旦屋子被歸為凶宅，房東或管理公司也會向死者家屬索討改建等等的高額賠償金。而那些還僅限於現實層面可能導致的風險，更難以衡量預料的是，對死者家屬或發現者所造成的悲痛與衝擊。

在我經手的某個案件中，委託人的兒子從鄉下地方來到東京生活，最後在浴室燒炭自殺。在死者父母的陪同下，我們一起整理遺物。

死者的屋內整理得清潔整齊，也許是死後發現得早，並沒有臭味或髒污。不過，現場既沒留下遺書，也完全沒有照片或紀念性的物品。唯一留下的，僅是幾件衣物、家電用品，以及也許是燒炭自殺時使用的大石頭等。

那天，看似剛結束告別式，死者的雙親皆穿著喪服來整理遺物。他的父親噙著淚，一一檢視為數不多的遺物說：「竟比父母親早死，這個沒用的不孝子……這個笨蛋兒子！」他的母親則因過於悲痛，癱軟在地，喃喃說著：「不是為了追夢才到東京嗎，為什麼要尋死？難道連我們都幫不了他嗎？」

那個夢碎、絕望的兒子，也許從鄉下來到東京後，在這個連熟人或朋友都沒有的環境，只能一個人獨自奮鬥。再加上雙親如此支持自己，更不忍讓雙親為自己擔憂。不過也因為如此，被留下來的人的餘生，卻都要伴隨著悲痛。

▲冰箱上還貼著就業諮詢會的傳單。

◀繩子綁在通往挑高閣樓的樓梯上，下面有預先鋪好的塑膠布。

本章的模型屋，是綜合了諸多自殺者的屋內特徵，再予以重現。

就我經手的案件來說，自殺者又以男性居多。

他們屋內的物品異常的少，且通常整理得乾乾淨淨。許多人在自殺前多已收拾處理掉身外之物，就連冰箱內也幾乎不見食品，收拾到近乎淨空。

書架上，幾乎是與宗教相關、談論死後世界或探討生死的書籍。但彷彿也留下了證據，也許死者直到最後一刻仍猶豫著是否要活下去。

某次，我見到屋內的牆壁上，以膠帶貼著大大的「對不起」。

「比你先死，對不起。」

「讓你悲傷，對不起。」

「造成你的麻煩，對不起。」

想必是揉合了各種含意的「對不起」吧。

ゴメン

而目睹那句「對不起」的死者家屬，又是懷著什麼樣的想法與感受呢？

我任職的公司，社長在十多歲時曾遭遇了女友自殺身亡的事件。當時，他多日聯絡不上女友，便覺有異，不久就接到女友去世的消息。不過，女友的父母不願透露實情，只能從流傳的流言得知她服下大量藥物自殺。但是，為了什麼而死？死在哪裡？真相無從得知。由於喪禮採祕密舉行，社長甚至沒見到女友最後一面。因此他始終難以接受女友已死的事實，總認為「她其實還活著」，畢竟，在此之前的時光，他們都相安無事地一起度過，女友既沒有顯出煩惱的模樣，也不見異狀。正因為如此，他更是無法置信。

社長在小學時也曾遭遇「死亡」，是與他感情很好的鄰居婆婆，因孤獨死而被人發現。當時他也曾協助清理現場，再加上女友的死亡，於是有了期許自己能陪伴、照顧到死者家屬的心情，最後遂成立了遺物整理公司。

我們接到的自殺案件，每年約六、七十件左右。

這些多半由我與始終單身的社長共同處理，至於他在自殺的現場有何感受，直到現在，我都不敢過問。

第6章　被留下的寵物們

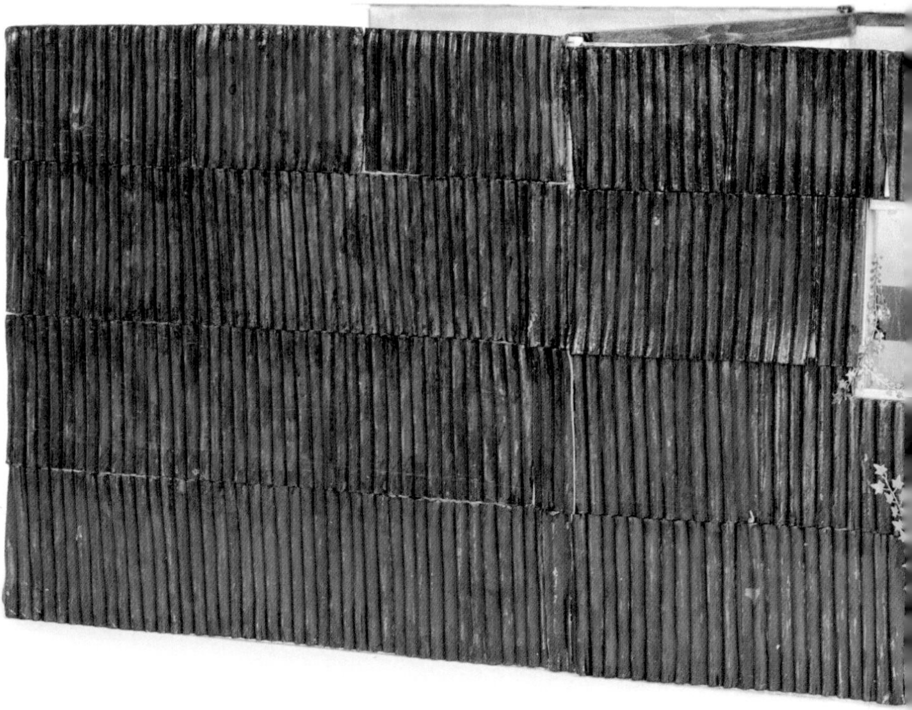

「請安樂死處理掉。」

聽到突然其來的這句話，我忍不住全身僵硬，無法動彈。

由於飼主孤獨死，不得不由死者家屬決定被遺留在屋內的寵物去留。然而，在類似的案件中，委託人既不願為留下的動物們找尋新飼主，更不可能接手飼養，多半一開始就選擇安樂死。

有些死者家屬居住在不可飼養寵物的住宅，或是討厭動物，或是患有哮喘等疾病，或是不喜歡貓喜歡狗等諸如此類的種種理由，因而無法接手認養。就我的經驗來說，人們多半喜歡狗，若遺留下來的是狗，通常就會接手，但比較不喜歡貓。如果是小貓倒還好，一旦成貓，就乏人問津。

被遺留下來的寵物並不僅限於哺乳動物，也有魚、兩爬類或稀有的生物。我甚至見過「龍魚」。

龍魚，原是棲地在南美或東南亞等地的大型魚類，被眾多愛好者作為觀賞魚飼養，價格從數萬日圓到數千萬日圓都有，算是高級的飼養魚種。

像這類稀有生物或身價昂貴的生物，很快就能找到接手的認養人，最快甚至當場就會被帶走。

另外，大致上來說，既養狗或貓而且最後還孤獨死的人，總有飼養多隻的傾向。一旦孤獨死，大多數的屋子也淪為垃圾屋。

模型屋所重現的這類孤獨死現場，通常一邊的地板堆滿了寵物的屎糞，惡臭難聞，另一邊的地板則散亂地遍布殘餘的貓食等。

飼主死後，留下的食物飼料或飲水逐漸減少，若幸運的話，寵物還可以苟活，直到被人發現，但多數的寵物已虛弱而死。在孤獨死後數月仍沒有被發現的現場，有時會看到床鋪上除了飼主的遺體，還有氣絕蜷曲的狗兒，所以等到輪我進去房子裡清理時，儘管人的遺體已被警察等人移走，不見蹤影，動物的屍體卻還留在現場。

那段期間，狗兒想必對著不再有動靜的主人不斷吠叫，表示口渴。最後狗兒躺在不再有回應的主人身旁，在離世的最後一刻，又想著什麼呢？

至少，牠們現在得以與最愛的主人在天國相見了。

在位於千葉的某個案件，現場是亮白色的優雅獨棟二層樓。五、六十歲的屋主離婚後，一人獨居，並養了八隻貓，結果孤獨死離世。

在死者家屬的委託下，我們進入屋子裡，裡面到處是垃圾或貓的尿

糞，也許一個人照顧八隻貓並不容易吧。當時是七月的盛夏，屋內極度悶熱，距離屋主死亡已經過了兩、三個月了。

飼主死後，遺留下來的貓咪們被迫待在門窗完全緊閉的屋內，既沒有食物也沒有水，就那樣生活了兩、三個月。由於飢餓，牠們終究啃食了躺臥在二樓的飼主的遺體，然而，到我進入現場時，仍然發現有幾隻貓咪已經死了。

存活下來的貓咪待在二樓的陽台，也許是比我們先進入屋裡搬運遺體的警察順手打開了陽台的窗戶。不過他們並沒有為貓留下飲水或食物，以為只要讓牠們自由，牠們就一定會自行去覓食。但那些貓已經沒有跳躍或逃生的力氣，看來隨時都快要餓死的模樣。

委託人是死者的女兒與前妻，由於她們無法養貓，我只得先在屋內放置充足的飼料與飲水，然後代替家屬尋找新飼主。

可是下次等我再度去到現場、準備把貓帶走時，貓竟全部不見了。我慌張地詢問委託人，對方回答：「後來，我拿了網子，把牠們抓去安樂死了。」

在那般殘酷的環境下，好不容易活下來的貓兒們，最終，我還是無法為牠們做任何事。

那次的經驗，是我第一次處理遺留了寵物的孤獨死現場。

那些被留下來的貓們多半貓毛糾結而且削瘦。
我一靠近，幾隻貓立刻靠了過來，似乎很寂寞。

儘管多數飼主的家裡會準備大型容器盛裝飼料或水，
但此時幾乎什麼都不剩了。

屋主死在流理台前，地板清楚留下沾有體液的人形。
這些留下的人形痕跡，多半向著家門口的方向，
也許他們最後都是想求救的。

之後，我經手的一個孤獨死現場，是位在東京都內的公寓大廈。當時夏季的酷熱已過，屋子是給單身者居住的一房一衛浴套房。

當我進到屋內，發現共有五隻貓。

貓爸爸、三花的貓媽媽，以及三隻牠們的孩子。說是小貓，其實體型已大，看來已有兩、三歲左右。

飼主是二十多歲的男性，據說是急性酒精中毒死亡。由於沒去上班，公司聯絡了家人，死後三天左右才被發現。

據家屬說，死者起初在收容所認養了一隻三花貓，不過因為覺得牠會寂寞，所以又再收養了另一隻。但是沒有絕育，結果生下了三隻小貓，最後共養了五隻。為了避免繼續生，之後五隻全做了絕育手術。

觀察屋子裡面時，隨處都可見到屋主是多麼在乎貓咪們。裝飼料的器皿不是普通碗盤，而是帶有高腳座，以便貓咪進食。也有自動餵食飼料機。生活的空間幾乎大多挪用給貓咪，而不是以飼主為主。

那些貓咪們久不見人，有幾隻顯得膽怯，也有幾隻太過寂寞而靠過來撒嬌。不過，一起在場清理的死者父母提議把五隻貓帶去安樂死。他們已經養了狗，無法再養這些貓，甚至一隻也沒有辦法。

我得到了家屬的許可，決心這次一定要幫這些留下來的貓咪找到新飼主。我接收了死者留在屋內的貓咪外出袋，決定先把貓咪帶到我們的公司。移動的中途之間，也許貓咪們因為不知將被帶到何處，拚命地喵喵叫。

抵達公司後，我立刻前往家居賣場，添購貓用床墊、便盆飼料，畢竟在找到新飼主之前，得為牠們整頓好可以生活的環境。喜歡動物的我，也為了明天上班開始有貓咪陪伴而興奮不已，儘管並非永遠，但至少在還沒找到新飼主時，貓咪們都在公司。

首先，我慫恿了在老家、之前就想養貓的姊姊，結果她領養了貓爸爸，取名「雷歐」。

還剩四隻。

接著，我詢問過的朋友來了電話，說他的同事可以養兩隻。我立刻準備了貓用便盆、貓用外出袋、之前接收的飼料等等，一同帶到新飼主家。他們認養了貓媽媽與一隻小貓，取名小福與小來。希望一如其名，迎來幸福的生活。

還剩兩隻。

明明知道恐怕會遭到拒絕，我還是拜託了我認識的某位大叔，沒想到大叔要了一隻。想必那隻貓咪現在正跟著溫柔的大叔在鄉下自由自在地巡邏田地吧。

還剩一隻。

最後這隻是激似貓媽媽的三花美人貓。

不過始終找不到人認養。

不能再那樣下去了。

於是，我決定搬到可飼養寵物的房子。

儘管兩個月前我才剛付了租約更新的費用，但生命是無價的。

當時我立刻動身前往不動產仲介公司，尋找有沒有負擔得起且可飼養寵物的租房。後來終於找到適合的房子、簽了契約，接著就等著搬家。沒想到就在那時，之前來電的那位朋友說，他那位同事的朋友也想養貓。那個人原本有隻心愛的三花貓，兩年前死了，因過度悲傷導致不想再養貓，但他聽說了這件事，覺得是命運的安排。

最後的最後，貓咪終於找到新飼主，安心之餘，我卻感到落寞，想必這也是命運的安排吧。

結果，我就那樣一個人，在「無寵」的狀態下，住進了可寵的房子。

每回案件現場出現被遺留下來的寵物時，我總不免思索。

儘管，飼主與寵物的生命不可能同時走到盡頭，這是一定的，但如果希望自己最愛的寵物能幸福生活，或許也該把牠們納入自己的死後之事來考慮設想。

第7章 最後的棲身之所

屋內的裝潢陳設協調而統一，家具採用的是厚實的西式風格，櫥櫃裡陳列著高級的酒或玻璃酒杯，牆壁則掛著裱框的畫作，沒有任何地方散落放置多餘的物品，整齊簡潔到彷彿缺少了生活感。

由此足以窺見屋主過著富裕的生活。

然而，這並不代表就不會孤獨死。

那是在東京從事政治工作的男性孤獨死現場，位於高級公寓大廈裡。像那樣的建築物多半採用具有隔音效果的氣密門窗，屬於高密閉式空間。同時，為了防止非住戶進出，出入的大門具有自動上鎖功能，就生活機能

來說，肯定是相當舒適安全的環境。

但是，也因為居住設備如此完善，才讓死亡發現得太遲。在連風都難以從隙縫侵入的密閉房屋內，即使死了幾個月，屍臭也不會流洩而出，更難以察覺異狀。這次的案件，直到發現，已是死後近一個月了。

委託人是與死者疏遠多年的女兒與死者的弟弟。關於死者，他們皆不願多談，反而苛責道：「那個拋棄家人的人，為何清理成了我們的責任？」我不瞭解詳細情況，但推測看來，似乎死者在生前，比起家庭，更在乎且優先選擇的是他自己想做的事。

就在我著手整理遺物之際，從床鋪旁的架子上找到一本乾淨且收納得整整齊齊的家族相簿。看起來死者生前翻看時非常珍惜。莫非死者曾後悔過自己的選擇？

但是，當我把相簿交給他女兒時，對方僅僅回了一句：「請丟掉吧。」

重現坐在椅子上死亡的案件。我進入屋裡的時候，遺體已經不在了，
不過我心中不禁浮現死者在此度過的時光，以及最後的模樣。

今年三月，我們接到在高原別墅孤獨死的案件。

在單程三小時的車程中前往委託的指定地，結果竟然位於連Google地圖都找不到的深山。

在那座別墅公寓裡，水源取自天然水。而且，為了防止非住戶或非住宿者進出，大門有自動上鎖功能，裡面設有游泳池與溫泉等完善設施。

進入案件現場，雖然沒有害蟲騷動，但由於六十多歲的男性死於暖桌裡，現場瀰漫著臭味。

據說死了已經一、兩個月了。

發現的人是別墅公寓的管理員。由於出入的大門具有自動上鎖功能，住戶是什麼時候外出，乃至於多久沒有外出，管理員都能清楚知道。也因如此，屋主多日都沒有進出，終於讓管理員察覺事態有異。

屋裡相當樸實無華，僅僅放著最低限度的生活必需品。或許是嗜好吧，看起來似乎是一邊玩著填字遊戲，一邊享受餘生。

也是同一個月發生的事。該起案件雖然不是孤獨死，不可思議的是，竟然也是同一個高原的另一座別墅，委託的事項是整理遺物。所在地與前一起案件的現場相隔了車程十五分鐘的距離，同樣是Google地圖沒有標示的深山。

那是兩層樓式的獨棟建築，外觀就像姆米繪本裡的那種可愛造型房屋。附近很多別墅，而且大多是屋主閒暇休假時才來度假住宿的空房，堪稱是當地住家很少的靜謐場所。

九十歲的死者，曾經坐擁著這樣豐富的大自然，在庭院種植蔬果或栽種花草，甚至DIY鋸木打造了小倉庫，看來頗享受老後生活。屋內還採用了東京少見的柴燒暖爐，燃燒時綻放著柴燒暖爐才有的溫柔火焰。儘管已九十歲高齡，仍獨力劈柴，過著自給自足的生活。

既然是在深山，也就沒什麼店家，當然了，連便利商店也沒有。

一路都是坡路，若沒有車，想必凡事都不方便吧。萬一身體不適，縱使叫來救護車，或許也難以立刻抵達援救。總之，屋主就是生活在那樣的地方。

但是想想，我若上了年紀，退休了——或是，人生旅途中遇到必須休息的時刻——也希望能在位處大自然且寧靜的地方買間中古的便宜別墅，在庭院種花或種菜，不必遷就世事，只要悠閒度日。即使終究必須一個人獨自面對死亡。

那裡，就是那般美好之地。

也許，死者也是抱著那般的心境，準備在那裡迎接自己的死亡，以此作為最後的棲身之所。

死亡的瞬間，死者的腦海裡又浮現什麼？

是想著這美好的人生嗎？

為了讓自己在死亡的瞬間不至於感到後悔，我希望不再把當下的今日視為理所當然，而是珍惜每個今日活下去。

死亡終將造訪每一個人。

而且，人皆凡人，無法屏除孤獨死。

這些事，我會銘刻在心的。

寫在最後

為何選擇了這個工作？

這是每位與我初見面的人幾乎一定會問的問題。特殊清掃的工作，由於必須接觸遺體腐爛後留下的氣味或痕跡，有時甚至有感染疾病的危險，所以對身體上或精神上都造成了極大的壓力。事實上，多數的同事總待沒多久就離職了。若以離職比例來說，一百人中大約是九十九人左右。因此，我可以堅持持續下去，被大家認為不可思議，也是無可厚非的。

觸發這件事的契機，其實是父親的驟逝。當時差點就釀成孤獨死。

在我讀高中時，那一天放學途中，姊姊打電話給我，告訴我父親因腦中風被送到醫院。我急忙趕到醫院去，看見了毫無意識地躺在病床上，口鼻插著無數導管的父親，母親與親戚則圍繞在他身邊。

兩個月前，父母親才剛以離婚為前提分居了。據說那一天，碰巧為了要事，母親去到父親的住處。才剛打開玄關的門，就看見父親倒臥在走廊，母親立刻叫了救護車。

在我們的呼喚下，明明毫無意識的父親竟流下了眼淚。不久，就心肺功能停止了。原以為未來一切依然如昔的父親，竟然就這樣突然死去。過去，我一直討厭著父親，與父親最後的回憶，是我為了保護母親而與父親爭吵動手。儘管如此，在父親死去的當時，我才察覺自己心中仍對父親懷有尊敬、孺慕之情。如果在父親生前能多與他溝通交談，不避著他，結局肯定是不一樣的吧。我的心中滿是後悔。

父親去世後多年，我也從高中畢業，去了郵局上班，當時從朋友那裡得知整理遺物、特殊清掃的工作。由於我對這頗感興趣，便上網搜尋研究，發現不少委託人留言表示，他們在委託業者整理遺物時受到了沒有同理心的對待，諸如業者工作時在屋子裡留下擦撞痕跡，或是在死者家屬面前弄壞或丟摔遺物。其中，還有委託人在業者的煽動下變得焦躁不安，於是就支付了高額費用。

實在是令人氣憤難耐啊。

既然如此，如果由我來進行遺物整理或特殊清掃，曾經歷失去至親痛苦的我，應該更能體會並貼近死者家屬的心情吧？如此一來，是否得以稍稍減輕那些被留下的人們的痛苦？同時，我也想協助死者。

對父親的死所懷抱的後悔之情，更推波助瀾地加深這個念頭。

然而，那絕不是抱著輕率的態度就能展開的工作。經歷兩年時間，我確定自己的意志依然堅定。然後，在求職欄上看到一則遺物整理公司的工作說明。

「不僅是整理而已。」

說明中，殷殷切切地敘述著必須顧慮到死者或家屬，以及透過這份工作才得以整理家屬的心，讓他們頓時停滯的時間得以繼續往前轉動，是一份崇高的工作。

我心想，若是到這間公司工作，也許得以實踐我心之所嚮。

我決定去應徵，但也不是沒有來自家人的反對。一如預期，母親堅決反對，理由像是「為何明明知道是辛苦的工作，還要去做呢？」或「還有那麼多其他的工作，為什麼妳偏偏要做這個！」

我說出自己的想法。我認為，這恐怕是我才能夠勝任的工作，畢竟父親如果再晚些發現就是孤獨死了，為了突然死去的死者，也為了不知該如何清理屋內、煩惱到難以成眠的家屬，這是一份必要的工作，如果有人可以代為協助整理一切，家屬就能靜心哀悼死者的逝去。

母親靜默了片刻，露出半是無可奈何的神情說：「既然這樣，妳就去做吧。」

就這樣，我進入現在的遺物整理公司，開始了這份工作。

書寫本書期間，責任編輯表示希望一同前往孤獨死的現場。那次是浴室裡的孤獨死。由於是死於浴缸外，而且三天後就被發現，所以遺體滲出的體液量少，也沒有害蟲或異味。因為如此，編輯以為我們那天的工作就是浴室的特殊清掃與遺物整理而已，結果沒想到我們竟然又清洗了冷氣機、擦拭了廚房，並拆下所有的玻璃窗徹底清洗。編輯見狀相當驚訝。

等到所有的作業完成後，我們便一如慣例，在玄關點上線香、獻上祭祀的花束。不過，因為不能在屋內留下任何物品，我們隨後又將花束撤去。為此，編輯忍不住詢問我們僅僅為了五分鐘的祭祀，卻耗費二十分鐘奔走買花的理由。

「老實說，委託人既沒有在場看著，也沒有人要求你們做到那個地步啊。」

的確是那樣沒錯。但是，我們做到「那個地步」，是為了把死者最後習以為常的這個屋子「做個總結」，同時也是為了「區隔轉化」突然失去親人的家屬的心情。

我總是懷著死者如同自己家人的心情，做著我的工作。因此，必須徹底清理屋內，以為悼念。

希望藉著這麼做，死者得以安心去到彼岸。

這份心情，往後也一直都不會改變。

模型屋尺寸　製作年份
（長×寬×高）單位mm

第1章　335×345×224（2017年）
第2章　444×266×265（2017年）
第3章
【廁所】112×274×164（2019年）
【浴室】155×155×145（2017年）
第4章　514×336×252（2018年）
第5章　402×336×252（2018年）
第6章　253×510×202（2019年）
第7章　272×387×226（2019年）

或許，我就這樣一個人走了

在時光靜止的孤獨死模型屋裡，一位遺物整理師重現「死亡終將造訪」的生命場景

時が止まった部屋

遺品整理人がミニチュアで伝える孤独死のはなし

或許，我就這樣一個人走了：在時光靜止的孤獨死模型屋裡，一位遺物整理師重現「死亡終將造訪」的生命場景／小島美羽（こじま みゆ）著；陳柏瑤譯.
—初版.—臺北市：麥田出版：家庭傳媒城邦分公司發行，民110.01
面；　公分.—（不歸類；182）
譯自：時が止まった部屋：遺品整理人がミニチュアで伝える孤独死のはなし
ISBN 978-986-344-848-8（平裝）
1.死亡 2.生死學
197　　　109018147

封面設計　兒日設計
內文排版　黃暐鵬
初版一刷　2021年1月5日
初版二刷　2021年8月
定　　價　新台幣320元
ISBN　978-986-344-848-8
Printed in Taiwan

作　　者　小島美羽
譯　　者　陳柏瑤
責任編輯　賴逸娟
國際版權　吳玲緯
行　　銷　何維民　蘇莞婷　吳宇軒　陳欣岑
業　　務　李再星　陳紫晴　陳美燕　葉晉源
副總編輯　何維民
編輯總監　劉麗真
總 經 理　陳逸瑛
發 行 人　凃玉雲

出　　版
麥田出版
台北市中山區104民生東路二段141號5樓
電話：(02) 2-2500-7696　傳真：(02) 2500-1966
麥田網址：https://www.facebook.com/RyeField.Cite/

發　　行
英屬蓋曼群島商家庭傳媒股份有限公司城邦分公司
地址：10483台北市民生東路二段141號11樓
網址：http://www.cite.com.tw
客服專線：(02)2500-7718; 2500-7719
24小時傳真專線：(02)2500-1990; 2500-1991
服務時間：週一至週五09:30-12:00; 13:30-17:00
劃撥帳號：19863813　戶名：書虫股份有限公司
讀者服務信箱：service@readingclub.com.tw

香港發行所
城邦（香港）出版集團有限公司
地址：香港灣仔駱克道193號東超商業中心1樓
電話：+852-2508-6231　傳真：+852-2578-9337
電郵：hkcite@biznetvigator.com

馬新發行所
城邦（馬新）出版集團【Cite(M) Sdn. Bhd. (458372U)】
地址：41, Jalan Radin Anum, Bandar Baru Sri Petaling, 57000 Kuala Lumpur, Malaysia.
電話：+603-9057-8822　傳真：+603-9057-6622
電郵：cite@cite.com.my

cite城邦媒體 麥田出版
Rye Field Publications
A division of Cité Publishing Ltd.

廣 告 回 函
北區郵政管理局登記證
台北廣字第000791號
免 貼 郵 票

英屬蓋曼群島商
家庭傳媒股份有限公司城邦分公司
104 台北市民生東路二段141號5樓

▼
請沿虛線折下裝訂，謝謝！

文學・歷史・人文・軍事・生活

麥田出版
Rye Field Publications

書號：RV1182　書名：或許，我就這樣一個人走了

讀者回函卡

cite城邦媒體

※為提供訂購、行銷、客戶管理或其他合於營業登記項目或章程所定業務需要之目的，家庭傳媒集團（即英屬蓋曼群島商家庭傳媒股份有限公司城邦分公司、城邦文化事業股份有限公司、書虫股份有限公司、墨刻出版股份有限公司、城邦原創股份有限公司），於本集團之營運期間及地區內，將以e-mail、傳真、電話、簡訊、郵寄或其他公告方式利用您提供之資料（資料類別：C001、C002、C003、C011等）。利用對象除本集團外，亦可能包括相關服務的協力機構。如您有依個資法第三條或其他需服務之處，得致電本公司客服中心電話請求協助。相關資料如為非必填項目，不提供亦不影響您的權益。

□ 請勾選：本人已詳閱上述注意事項，並同意麥田出版使用所填資料於限定用途。

姓名：____________________ 聯絡電話：____________________

聯絡地址：□□□□□____________________

電子信箱：____________________

身分證字號：____________________（此即您的讀者編號）

生日：____年____月____日　性別：□男　□女　□其他__________

職業：□軍警　□公教　□學生　□傳播業　□製造業　□金融業　□資訊業　□銷售業

□其他____________________

教育程度：□碩士及以上　□大學　□專科　□高中　□國中及以下

購買方式：□書店　□郵購　□其他____________________

喜歡閱讀的種類：（可複選）

□文學　□商業　□軍事　□歷史　□旅遊　□藝術　□科學　□推理　□傳記　□生活、勵志

□教育、心理　□其他____________________

您從何處得知本書的消息？（可複選）

□書店　□報章雜誌　□網路　□廣播　□電視　□書訊　□親友　□其他__________

本書優點：（可複選）

□內容符合期待　□文筆流暢　□具實用性　□版面、圖片、字體安排適當

□其他____________________

本書缺點：（可複選）

□內容不符合期待　□文筆欠佳　□內容保守　□版面、圖片、字體安排不易閱讀　□價格偏高

□其他____________________

您對我們的建議：____________________

____